Klare Sicht

von Lukas Joedecke

Das Buch ''Klare Sicht'' umfasst mit seinen Sprüchen und Texten viele verschiedene Themen. Es soll deine ''Klare Sicht'' bewahren, sowie deine Augen öffnen. Mal gibt ein Spruch neue Kraft, mal ermutigt oder inspiriert dich. Alle Sprüche und Texte basieren auf wahren Begebenheiten und vielleicht wirst du dich mit einigen identifizieren können.

Schätze die Zeit

Wenn du überzeugt bist bei einer Person zu bleiben, dann tu es mit Herz. Deine Aufgabe ist es, diese Person wert zu schätzen. Wenn du es nicht tust, dann wunder dich nicht, wenn du von einer anderen Person ersetzt wirst. Tut es dir nicht weh zu sehen, wie gut man ohne dich klarkommt? Wie man lacht und nicht einmal eine einzige Sekunde an dich denkt? Wenn ja, dann schätze die Zeit mit der Person, die alles für dich tun würde. Du weißt nie, wie lange diese Zeit bleibt. Denn man schätzt erst jemanden, wenn er nicht mehr da ist. Aber es wird zu spät sein. Wenn man Streit hat, dann sollte man nicht sofort alles wegschmeißen. Es gibt genug Wege, um alles wieder zu klären. Sobald du aber alles wegschmeißt, bist du einfach zu schwach für diese Person.

Wenn ich aussuchen dürfte, was für immer
bleiben soll, glaub mir, ich würde dich nehmen.

Das Leben ist wie ein Fahrstuhl, auf dem Weg
nach oben musst du immer wieder anhalten, um
manche Menschen raus zu lassen.

Warum lässt du mich einfach immer alleine,
genau dann, wenn ich dich am meisten
gebraucht hätte.

Ich hoffe, du weißt, dass du mir gerade fehlst.

Du bist der Mensch in meinem Leben, der
seinen Platz niemals verliert.

Wenn ich mein Leben nochmal leben und von vorne anfangen dürfte, dann würde ich dich suchen und früher finden, damit ich dich noch länger lieben kann.

Wenn du über mich urteilst, ohne mich zu kennen, definiert das nicht, wer ich bin, sondern wer du bist.

Manchmal ist es besser jemanden im Glauben zu lassen, er hätte gewonnen, bis er irgendwann selbst merkt, dass er dabei verdammt viel verloren hat.

Vergiss nicht: Wenn sie dich vermissen, dann werden sie dich anrufen. Wenn sie dich wollen, dann sagen sie es dir. Wenn sie sich für dich interessieren, dann werden sie es zeigen.

Etwas im Leben hinter sich zu lassen bedeutet nicht, dass man es vergisst, sondern nur, dass man akzeptiert, was passiert ist und weiterlebt.

Sei keine Zigarette, lass dich nicht von Menschen benutzen, damit sie sich besser fühlen und dich dann wegwerfen.

Immer wenn ich Zeit mit dir verbringe, kann ich alle meine Probleme für einen Moment lang vergessen.

Versetz dich mal in meine Rolle. Mal sehen, ob du dann immer noch lachst.

Eine Entschuldigung heißt nicht immer, dass du im Unrecht bist. Sie bedeutet nur, dass dir der Mensch wichtiger ist als dein Ego.

Es ist egal, zu welchem Zeitpunkt man einen Menschen verliert. Es ist immer zu früh und es tut immer weh.

Umso mehr Eifersucht eine Frau in sich trägt, desto mehr liebt sie dich, du Idiot.

Die Zeit bewegt sich in eine Richtung, Erinnerungen in die andere.

Ich habe eine Sekunde gebraucht, um mich in dich zu verlieben. Aber es wird eine Ewigkeit dauern, um dich zu vergessen.

Ich schaue morgens direkt auf mein Handy nur, um zu gucken, ob ich eine Nachricht von dir bekommen habe, selbst wenn ich mitten in der Nacht wach werde.

Missgunst

Warum gönnt man heutzutage den Menschen nichts mehr? Diese Frage haben wir uns doch alle schon einmal gestellt. Sie reden über einen, weil ihr Leben zu langweilig scheint. Solchen Menschen darf man keine Beachtung schenken. Ist mein Leben interessanter als deins oder wieso redest du immer nur über mich? Was bringt es dir, wenn du dich überall immer einmischst und schlecht über mich redest? Solche Menschen sind einfach nur Zeitverschwendung. Das Leben ist zu kurz, um über andere Leute schlecht zu reden. Im Gegensatz zu anderen gönne ich dir den Erfolg. Wenn ich mehr Erfolg habe als du, dann red nicht schlecht über mich, sondern tu dein bestes, um eines Tages mehr Erfolg zu haben als ich. Aber mit Missgunst und Neid kommst du nicht weit im Leben.

Oftmals bin ich gar nicht sauer oder wütend, sondern einfach nur enttäuscht.

Ich ändere mich für niemanden, aber ich bessere mich für jemanden, der es wert ist.

Eine zweite Chance bringt nur dann etwas, wenn die Person verstanden hat, warum es beim ersten Mal nicht funktioniert hat.

In schweren Zeiten merkt man, wer dir die Hand hinhält und wer sie wegzieht.

Jemanden zu vermissen, den man eigentlich schon verloren hat, ist eines der schlimmsten Dinge.

Ein echter Mann ist immer für seine Frau da,
nicht nur, wenn es ihm gerade passt.

Jeden Tag, den ich mit dir verbringen durfte,
war ein Geschenk.

Ich dachte, Glück kann man nicht fassen, bis ich
deine Hand nahm.

Mit dir zu schreiben ist ein unbeschreibliches
Gefühl, jedoch wäre ich jetzt lieber bei dir.

Ein Gedanke an dich bringt mich zum Lächeln,
obwohl mein Herz dabei schmerzt.

Es tut weh, wenn du jemanden im Herzen hast,
aber nicht in deinen Armen.

Wenn sie nach einem Kuss anfängt zu lächeln,
dann hast du alles richtig gemacht.

Wir sollten manchmal einfach das tun, was uns
glücklich macht und nicht das, was am besten
ist.

Du sagtest mir einmal, du lässt mich niemals
alleine. Du hast gelogen.

Beim ersten Mal verzeiht man aus Liebe, beim
zweiten Mal aus Hoffnung und beim dritten Mal
aus Dummheit.

Die meiste Zeit sitze ich da und versuche in jedem Gesicht deins wiederzufinden.

Nachts denke ich immer noch darüber nach, was du mal zu mir gesagt hast.

Wenn dich jemand so behandelt, als wärst du ihm egal, glaube ihm.

Es ist schön verliebt zu sein, aber schrecklich zu wissen, dass man keine Chance hat.

Jeder kann sagen, dass er dich liebt, doch nur wenige können das beweisen.

Unsere Zeit

Es ist schon lange Zeit her, wo wir uns zuletzt in die Augen geschaut haben. Wir hatten schöne Erinnerungen zusammen, die aber letztendlich zerbrachen. Wir haben uns viel versprochen, doch wo sind diese Versprechungen geblieben? Was dachtest du dir dabei? Ich hatte immer nur gut von dir gedacht, aber jetzt bemerke ich erst, wie verlogen du bist. Ich hätte alles für dich gegeben, doch du hast es dir selber kaputt gemacht.

Scheiß mal auf Titten und Arsch, Bruder. Hast du mal ihre Augen und ihr Lächeln gesehen?

Seltsam, wie leer das Leben ist, wenn nur diese eine Person fehlt.

Du wirst mir von Minute zu Minute wichtiger. Darum wird auch die Angst größer, dich zu verlieren.

Ich hatte so verdammtes Glück, dass ich dich damals kennengelernt habe.

Es tut weh sich von jemanden zu verabschieden, den man gar nicht gehen lassen möchte.

Man weint nicht wegen des Liedes, sondern wegen dem, an das man denkt, während man es hört.

Sind wir mal ehrlich, wir vermissen alle eine Person, die uns nicht vermisst.

Ein Mensch, der dich will, kämpft um dich. Egal, wie hart der Kampf wird.

Wenn du nicht aufhören kannst daran zu denken, dann hör nicht auf dafür zu kämpfen.

Egal, was zwischen uns passiert ist. Ich will dich immer noch, wie am ersten Tag.

Wir fallen so lange für eine Person, bis eine
andere Person kommt und uns auffängt.

Egal ob verliebt, befreundet oder bekannt. Ein
Mädchen lässt man nicht alleine nach Hause
laufen.

So jemanden wie dich findet man nicht zweimal
im Leben.

Kämpfe niemals um Aufmerksamkeit oder
Zuneigung. Wenn es dir nicht freiwillig gegeben
wird, ist es nichts wert.

Ich war so unheimlich stark, wenn es um
Probleme anderer ging. Nur mit meinen eigenen
wurde ich einfach nicht fertig.

Und manchmal schweift mein Blick so zu dir hinüber, nur um zu sehen, ob er vielleicht deinen trifft.

Du bist der Mensch, für den ich selbst um 4 Uhr nachts noch alles machen würde.

Manchmal verletzen Menschen dich auf eine Art und Weise, die sie selber nicht erkennen.

Mein Kopf will nicht an dich denken, doch mein Herz, es will nur um dich kämpfen.

Egal was passiert, ich werde niemals unseren ersten Kuss vergessen.

Loyalität

Kennst du das Wort „Loyalität"? Ich denke
nicht. Ich habe dir blind vertraut und du hast
mir gezeigt, dass ich wirklich blind bin. Leider
habe ich es erst spät bemerkt, was für eine
verlogene Person du bist. Du redest hinter
meinen Rücken über mich, weil du neidisch bist
und es nicht schaffst so zu sein wie ich. Doch
wie sagt man so schön. Jeder kriegt das, was er
verdient. Über solche Leute lach ich nur, weil du
nicht mal einen Gedanken Wert bist. Leider gibt
es heutzutage viele Menschen, die so sind. Gibt
es überhaupt noch Menschen die wirklich loyal
sind? Leider nur noch wenige. Das
Wort „Loyalität" hat an Wert verloren.

Es heißt, dass man mit jeder Enttäuschung
stärker wird, doch im Grunde wird man nur
kälter und kälter.

Ich will eine Beziehung in der Liebe, Loyalität,
Ehrlichkeit, Nähe und Vertrauen noch an erster
Stelle steht.

Es tut mir leid, dass zu sagen, aber manchmal
würde es mir besser gehen, wenn ich dich nie
kennengelernt hätte.

Kämpfe nicht um einen Platz im Leben eines
Menschen. Denn wenn er dich zu schätzen weiß,
würde er diesen Platz immer für dich freihalten.

Wenn sich zwei Menschen über sechs Sekunden
in die Augen schauen, gibt es nur zwei
Möglichkeiten. Entweder sie lieben sich oder sie
hassen sich.

Nichts in der Welt ist schwerer, als einen
Menschen zu vergessen, an den du die ganze
Zeit denken musst.

Wenn die Ehe nicht das Ziel einer Beziehung ist,
dann versteh ich nicht, warum man zusammen
ist.

Ich muss ehrlich sein, dass ich es nicht verkraftet
hab, dass mich all der Stress täglich so belastet
hat.

Jeden Morgen bist du mein erster Gedanke und jeden Abend bist du mein letzter Gedanke.

Manchmal erwarten wir mehr von anderen, weil wir bereit wären genauso viel für sie zu tun.

Wenn wir mal ehrlich sind: Alles, was wir jede Nacht tun ist über die Gefühle nachzudenken, die wir tagsüber verbergen.

Keiner weiß, wie ich mich fühle und trotzdem sagt jeder: „Ich kann dich verstehen."

Der größte Fehler warst nicht du. Der größte Fehler war daran zu glauben, dass du der Richtige wärst.

Jeder verdient einen Menschen, der das Herz
vergessen lässt, dass es jemals gebrochen war.

Ein einziges „hab dich lieb‘‘ von dir und meine
Welt ist wieder perfekt.

Das schlimmste ist, wenn jemand, dem du blind
vertraust, dir beweist, dass du tatsächlich blind
bist.

Es ist nicht die Liebe, die schmerzt. Liebe
schmerzt nie. Es sind die unerfüllten
Erwartungen, die weh tun.

Ich würde niemals sagen, dass du ein schlechter
Mensch bist, auch wenn du so unglaublich viel
in mir zerstört hast.

Spiel nicht mit Gefühlen

Kannst du ein zerbrochenes Glas wieder
zusammenkleben? Nein. So ist das auch mit den
Gefühlen anderer Menschen. Du kannst nicht
einfach eine Person verletzen, die Person
verlassen und am Ende wieder ankommen und
sagen, dass es dir leid tut. Wenn man
entschlossen hat den Weg mit einer Person zu
gehen, dann mach das auch und lass sie nicht
unterwegs los und geh alleine deinen Weg
weiter. Entweder meint man es ernst oder man
lässt es einfach sein. Man spielt nicht mit
Gefühlen. Man hat tausende Wege, um eine
Sache zu klären. Wieso muss man alles
wegwerfen und den schlimmsten Weg nehmen?

Ich war so verliebt in dich, dass ich gar nicht
gemerkt habe, wie schlecht du mich behandelst.

Jemand, der dich wirklich kennt, merkt schon an
deinem Blick, wie es dir geht.

Obwohl du gesehen hast, dass ich weine, gehst
du fort und lässt mich alleine.

Bitte schreib mir einfach mitten in der Nacht
einen Text oder mach eine Audio, wo du mir
erzählst, dass ich dir wichtig bin und du mich
niemals verlieren willst.

Ich war dir dann wohl doch nicht so wichtig,
wie du mir immer gesagt hast.

Um jemanden aufrichtig zu hassen, musst du
ihn zuvor aufrichtig geliebt haben.

Ich wünschte, du bräuchtest mich genau so sehr,
wie der Raucher die Zigarette.

Ich schwöre dir, als du mich umarmt hast,
wollte ich dich nie mehr loslassen.

Mein Herz ist gebrochen, so wie mein Lächeln
seit Wochen, doch ich komm damit klar,
versprochen.

Die wichtigste Person ist die, die dir vor dem
Einschlafen nicht mehr aus dem Kopf geht.

Ein Mann, der dich länger als 24 Stunden
ignoriert, ist der Falsche, Prinzessin.

Du weißt, dass du liebst, wenn Worte für das,
was du fühlst, nicht mehr reichen.

Ich habe jemanden verloren, dem ich egal war.
Doch du hast jemanden verloren, der alles für
dich getan hätte.

In den Armen deiner Lieblingsperson zu sein, ist
das schönste Gefühl der Welt.

Man liebt einen Menschen, weil man etwas in
ihm sieht, dass kein anderer sehen kann.

Ich laufe niemandem mehr hinterher. Wenn jemand meint zu gehen, dann soll er das machen.

Ich wünsche mir einfach, dass endlich mal jemand bleibt.

Du bist der Grund, warum ich am Tag träume und nachts nicht schlafen kann.

Kilometer sind unwichtig, wenn eine Person alles bedeutet.

Hast du schon mal diesen Schmerz gespürt, als du gemerkt hast, dass du ersetzbar bist?

Warum lässt du sie gehen?

Du hast sie zerstört. Sie hat alles für dich getan, doch du lässt sie einfach gehen. Sag mir, was haben andere Mädchen, was sie nicht hat? Sie war immer da für dich, egal ob in guten oder in schlechten Zeiten. Und du lässt sie jetzt in ihrer schlechten Zeit alleine, die du verursacht hast. Aber weißt du was? Sie wird jetzt noch nach hinten gucken, ob es dir gut geht. Aber die schlechte Zeit wird vorbeigehen. Sie wird dann nicht mehr an dich denken und über dich träumen. Sie wird mutig und stark sein, aber du wirst genau dann fallen. Du kannst vielleicht jedes Mädchen haben, aber wirst du eine wie sie haben? Vergeblich.

Auch wenn ich nicht einfach bin, bist du bei mir und dafür liebe ich dich.

Unsere Geschichte war so perfekt, doch die Tinte reichte leider nicht bis zum Happy End.

Du hättest mich anrufen können, mir Briefe schreiben können, vor meiner Haustür stehen können, mit mir reden können. Du hast keine einzige Möglichkeit davon gewählt, denn du bist lieber gegangen.

Egal wie viel man richtig gemacht hat, am Ende bleiben ihnen nur deine Fehler in Erinnerung.

Ich will die sein, für die du dich entscheidest, wenn alle anderen dich wollen.

Freue dich, wenn dir jemand betrunken
Nachrichten schickt, es bedeutet nämlich, dass
dieser Jemand an dich denkt, obwohl er kaum
klar denken kann.

Wenn du merkst, dass ich komisch zu dir bin,
dann habe ich mich nicht verändert, sondern du
hast etwas getan, was mich verletzt hat.

Menschen behaupten, dass du ihnen wichtig
bist, aber verlassen dich, als hätten sie dich nie
gekannt.

Wir denken selten an das, was wir haben, aber
immer an das, was uns fehlt.

Du bist der Grund, warum ich jeden Abend mit
einem Lächeln ins Bett gehe.

Es gibt kaum etwas Traurigeres, als jemanden
dabei zu beobachten, wie er bei dem Versuch zu
lächeln anfängt zu weinen.

Schon seltsam, wie leer das Leben ist, wenn nur
diese eine Person fehlt.

Wenn du nur wüsstest, wie sehr ich lächle,
wenn ich eine Nachricht von dir bekomme.

Man kann sich nicht aussuchen in wen man sich
verliebt, denn Liebe ist keine Entscheidung,
sondern Liebe ist ein Gefühl.

Wenn dein Plan nicht funktioniert, dann ändere
den Weg aber niemals dein Ziel.

Jeder von uns hat diese eine Person, der man sofort antwortet, wenn sie schreibt, ganz egal wie viele andere noch geschrieben haben.

Ich hätte so vieles anders gemacht, wenn ich gewusst hätte, dass es heute so sein wird, wie es ist.

Es tut weh, wenn alte Gefühle wieder hochkommen, von denen man gedacht hat, sie wären weg.

Jemanden zu vermissen hängt nicht davon ab, wie lange man diese Person nicht gesehen hat, sondern wie viel Bedeutung diese Person für dein Herz hat.

Niemand da

Man ist immer für jeden da in schlechten Zeiten,
aber wenn du sie mal brauchst ist keiner
erreichbar. Das Wort Loyalität existiert nicht
mehr. Viele kennen heute nicht einmal mehr die
Bedeutung. Freunde werden auf einmal zu
Ratten, weil sie nicht das bekommen, was sie
wollen. Sie schätzen nicht das, was man für sie
macht. Sie wollen immer nur haben, aber geben
selber nie. Du sollst nicht Ozeane überqueren
für Menschen, die nicht mal eine Pfütze für dich
überqueren würden. Du darfst solchen
Menschen keinen Wert geben.

Wenn ein Mensch nicht um dich kämpft, hat er nur gewartet, bis du gehst.

Die Welt ist nicht perfekt, aber sie ist besser für mich, wenn du bei mir bist.

Ich weiß, dass du nichts von mir willst. Aber man kann sich nicht aussuchen, wen man liebt.

Ah, sorry. Ich dachte, ich wäre für dich wichtig. Mein Fehler.

Ich liebe diese Momente, in denen man für einige Zeit alles vergisst und einfach glücklich ist.

Kein Wort der Welt könnte beschreiben, wie
sehr ich dich brauche.

Schreib ihr. Egal ob sie schläft, beschäftigt ist,
oder es nicht erwartet, es macht sie glücklich.

Hast du dich so sehr verändert oder habe ich
dich nie richtig gekannt?

Schon ironisch, wie du erzählt hast, uns wird es
für immer geben und jetzt bist du so glücklich
ohne mich.

Du kannst dir gar nicht vorstellen, wie sehr ich
dich vermisse.

Lass uns streiten, lass wütend aufeinander sein,
aber lass uns niemals getrennte Wege gehen.

Selbst wenn du weißt, was kommt, bist du nie
darauf vorbereitet, wie es sich anfühlt.

Jeder verdient eine Person, der man weinend in
die Arme fallen kann, ohne dass man Angst
haben muss, verraten zu werden.

Was man im Streit sagt, hat man die ganze Zeit
verschwiegen.

Wenn eine Frau sofort lächelt, wenn sie dich
sieht, dann hast du ihr Herz erobert.

Sobald ich mir Hoffnung mache oder mich auf etwas freue, werde ich enttäuscht.

Das Beste an Chats ist, dass niemand sieht, wie dir die Tränen das Gesicht runterlaufen.

Solange du mich liebst, ist mir alles andere egal.

Wenn du nicht aufhören kannst an eine Person zu denken, dann hör auch niemals damit auf, für diese Person zu kämpfen.

Wenn du sie verletzt, dann hab auch den Mut dich zu entschuldigen.

Lass falsche Personen los:

Du zerstörst dich selber, wenn du dich an falschen Personen festhältst. Die richtigen Personen würden dich niemals alleine lassen, egal ob in guten oder in schlechten Zeiten. Heutzutage werden falsche Menschen gut behandelt und wertgeschätzt, während die guten Menschen schlecht behandelt und nicht wert geschätztwerden. Doch habe Geduld, denn jeder Mensch kriegt früher oder später das, was er verdient. Immer, wenn ein Mensch geht, kommt auch ein neuer in Mensch in dein Leben, der die Chance hat alles wieder besser zu machen. Gib die Hoffnung nicht auf und schau nach vorne. Lass nicht zu, dass dich falsche Menschen kaputt machen.

Manchmal müssen gute Dinge vorbeigehen,
damit bessere folgen können.

Bei mir hört der Spaß auf, wenn jemand schlecht
über die Person redet, die ich liebe.

Das Leben geht weiter, egal wie sehr du dir
manchmal wünschst, die Zeit zurückdrehen zu
können und alles zu ändern.

Wenn du jemanden davon überzeugen musst,
bei dir zu bleiben, ist das eigentlich der Moment,
in dem du die Person gehen lassen solltest.

Jeden Tag muss ich immer und immer wieder
nur an dich denken.

Manche Erinnerungen hören nicht auf weh zu tun, egal wie viel Zeit vergeht.

Schicksal ist, wenn du etwas findest, was du nie gesucht hast und dann feststellst, dass du nie etwas anderes wolltest.

Halte die Frau fest, die in schweren Zeiten dafür sorgt, dass es dir gut geht.

Jeder hat diese eine Person, die einem alles bedeutet und die man über alles liebt.

Stell dir vor, er liegt jetzt wach im Bett und kann nicht schlafen, weil er dich vermisst.

Alles, was geschieht, geschieht aus einem
bestimmten Grund, also sag mir, was der Grund
hierfür war.

Ich vermisse die Tage, wo du mir 24/7
geschrieben hast.

Manchmal fühlst du was in dir und kannst es
nicht erklären.

Egal was du willst, ich würde alles für dich tun,
denn du bist es mir wert.

Ich will gar nicht eifersüchtig auf jeden sein, der
etwas mit dir zu tun hat und es tut mir leid.
Aber vielleicht bin ich es, weil ich weiß, dass ich
deinen Verlust nicht ertragen könnte.

Glück bedeutet nicht, alles zu bekommen, was man will, sondern die Menschen zu haben, die man braucht.

Was ich mir von dir wünschen würde? Bitte steh einfach ganz unerwartet vor meiner Haustür.

Schon nach einer Woche hast du mir mehr bedeutet, als manche Menschen, die ich schon seit Jahren kenne.

Wie viel Zeit verbringst du damit, über Sachen nachzudenken, die du nicht mehr ändern kannst?

Ich werde mein Leben leben und glücklich sein. Es ist allein deine Entscheidung, ob du ein Teil von diesem Glück sein willst oder nicht

Renn nicht jedem hinterher:

Es wird Zeit, dass du wieder aufstehst. Du hast schon genug gelitten. Laufe den falschen Menschen nicht mehr hinterher und lass sie gehen. Wenn sie deinen Wert nicht kennen, dann lass sie deine Abwesenheit spüren. Lass sie deine Kälte spüren anstatt nur immer deine Wärme. Dreh auch einmal den Spieß um und komm nicht immer bei ihnen an. Man rennt nur wichtigen Menschen hinterher und diese wissen das zu schätzen. Auch wenn du mal einen Fehler machst, steh zu deinem Fehler und renn für deine Fehler hinterher. Manche Menschen schätzen den Wert erst, wenn er weg ist. Diese Einsicht kommt aber meistens dann zu spät. Wenn du etwas zum Klären hast, dann klär es jetzt, bevor es zu spät ist.

Meine Oma sagte immer: Wer zu viel Vertrauen schenkt, bezahlt irgendwann immer mit Tränen.

Ich liebe dich über alles und ich verspreche dir, solange du willst, wird es keinen einzigen Tag geben, an dem ich es nicht tue.

Alle Wunden heilen mit der Zeit, doch wo ist die Zeit geblieben?

Ich wäre jetzt lieber dort, wo meine Gedanken gerade sind.

Ich wünschte das mit uns wäre anders gelaufen, ich vermisse dich.

Wenn er sein Handy für dich weglegt, weißt du, dass er der Richtige ist.

Ich hoffe, dass du irgendwann merkst, was du verloren hast.

Hör auf an einem Mann festzuhalten, der dir nicht gut tut. In welchem Märchen hast du gesehen, dass der Prinz die Prinzessin leiden lässt?

Jeder Mensch sollte mindestens einmal am Tag gesagt bekommen, dass er hier richtig ist und gebraucht wird.

Mein größter Traum, der nie in Erfüllung gehen wird, bist du.

Sorry, dass ich nerve. Aber du bist mir halt
einfach mega wichtig.

Kein Parfüm der Welt riecht besser als der Duft
von der Person, die du liebst.

Sei ein verschlossenes Buch, denn wer wirklich
Interesse hat, nimmt sich die Zeit jede Seite zu
lesen.

Erst lächelst du, wenn du an früher denkst.
Dann wirst du wütend, weil es nicht mehr so ist
und am Ende weinst du, weil es nie mehr so sein
wird.

Was ist schlimmer? Ersetzt zu werden oder ein
Ersatz zu sein?

Das Problem ist, wir vergessen die schönen
Dinge im Leben zu genießen, weil wir uns zu
viele Gedanken um die schlechten machen.

Eifersucht ist die Angst, dass dir jemand etwas
nimmt, was du liebst.

Und verdammt ja, seitdem ich dich kenne, kann
ich einfach nicht mehr aufhören an dich zu
denken.

Selbst tausend Worte könnten nicht beschreiben,
wie sehr ich dich liebe.

Schön, dass du mich so einfach aus deinem
Leben löschen konntest. Ich habe es bis heute
nicht geschafft.

Starker Mann:

Was bist du bitte für ein Mann, wenn du vor
deinen eigenen Fehlern davon läufst. Für mich
bist du nicht stark, wenn du die Schultern eines
Bären hast, aber dir das Herz eines Löwen fehlt.
Was bist du für ein Mann, wenn du nicht dafür
sorgen kannst, dass deine geliebten Menschen
sich wohlfühlen an deiner Seite? Wie viel wert
haben noch deine Worte, wenn darauf keine
Taten folgen? Wie männlich bist du denn, wenn
du dich nicht bei den Menschen entschuldigen
kannst, die du liebst. Was bringt dir dein Stolz,
wenn niemand wirklich stolz auf dich ist? Wie
viel Respekt hast du denn noch für dich übrig,
wenn die Menschen um dich herum nicht
wissen, ob du heute gut oder schlecht gelaunt
bist, weil du dich ständig von deiner Laune
leiten lässt?

Wenn man sich ständig fragt, wo man bei einer Person steht, ist es Zeit einfach weiterzugehen.

Tränen drücken den Schmerz aus, der tief in der Seele wohnt, wenn Worte nicht mehr reichen und Taten nichts bringen.

Du kannst dir gar nicht vorstellen, wie sehr ich dich vermisse.

Ich leide nicht an Eifersucht, sondern an Verlustangst, weil ich bisher alles verloren habe, was mir wichtig war und was ich geliebt habe.

Und egal wie wütend ich war, ich habe nicht mal eine Sekunde damit aufgehört dich bei mir haben zu wollen.

Sei von niemanden abhängig. Selbst dein
Schatten verlässt dich in dunklen Zeiten.

Tun deine Füße weh? Denn du gehst mir schon
den ganzen Tag im Kopf herum.

Baby? Merk dir eins. Du bist und bleibst für
immer meins.

Hör auf, auf eine Person zu warten, die dich
schon längst vergessen hat.

Manchmal stellt sich heraus, dass die Person, für
die du dich vor eine Kugel werfen würdest, die
Person hinter der Waffe ist.

Alles was bleibt sind die Erinnerungen an die
Zeit, die nie zurückkehrt.

Lieber etwas riskieren, als ewig zu bereuen, sich
nicht getraut zu haben.

Was dir einmal viel bedeutet hat, wird dir nie
komplett egal sein.

Laufe nicht dem nach, der ohne dich glücklich
ist, sondern finde jemanden, der ohne dich nicht
leben kann.

Irgendwann in deinem Leben begegnest du
diesem einen Menschen und er wird in dir von
der ersten Sekunde all die Gefühle auslösen,
nach denen du all die Jahre gesucht hast.

Wir leben in einer Zeit, in der Ehrlichkeit als Schwäche gewertet wird und die Lügner auf Händen getragen werden.

Wünsche deinem Ex viel Glück, denn sein Glück hat er schon verloren, als er dich gehen ließ.

Das traurigste ist, wenn jemand, der dir wichtig ist, dich vergisst.

Vielleicht vermisse ich auch nicht dich, sondern einfach den Menschen, für den ich dich gehalten habe.

Ich weiß nicht, warum ich mich ausgerechnet in dich verliebt habe, aber du hast etwas an dir, was mich einfach nicht loslässt.

Gib mir wieder mein Leben:

Gib mir wieder mein altes Leben zurück. Ich
will wieder mein Herz, welches ich an dich
verloren habe. Lass mich wieder klar denken
und lange Gespräche führen, ohne deinen
Namen zu erwähnen. Nimm mir diese
Schockmomente, die ich spüre, wenn ich an dich
denke. Verschwinde aus meinen Gedanken und
lass mich in Ruhe schlafen. Tage, Wochen und
Monate vergehen, doch die Gedanken an dich
bleiben haften an meiner Seele. Ich kann nicht
mehr richtig lieben, weil die Hälfte meines
Herzens für immer dir gehört.

Es ist egal, wie lange ich um dich kämpfen muss.
Hauptsache du weißt am Ende, dass du mir
wichtig bist.

Wenn man traurig ist, nimmt man sich alles zu
Herzen, jedes einzelne Detail.

Ich wüsste gerne, was du anderen von mir
erzählst.

Der Schlüssel zu einer erfolgreichen Beziehung
ist Respekt, Treue und Ehrlichkeit.

Bereue nicht all die Dinge, die du hättest besser
machen können. Schließe damit ab, lerne daraus
und schau nach vorne.

Du wirst erstaunt sein, wie wenig Menschen
übrig bleiben, wenn man niemandem mehr
hinterher rennt.

Mein Herz bricht jedes Mal aufs neue, wenn ich
unsere alten Bilder seh, an die schöne Zeit denke
und weiß, dass es nie wieder so sein wird.

Kuscheln mit der richtigen Person gehört
eindeutig zu den schönsten Dingen der Welt.

Ich will nur, dass du weißt, dass ich immer für
dich da bin, egal wann und wo.

Ich denke mal wieder viel zu viel nach und
grade vermisse ich einfach, was wir mal waren.

So viele Nächte, an denen ich nicht schlafen
konnte, nur weil meine Gedanken bei dir waren.

Jeder hat doch diese eine Person, mit der er am
liebsten die ganze Nacht schreiben würde.

Jeder hat diese eine Geschichte über sich, die er
nie erzählt, weil er es selbst nicht erträgt sie zu
hören.

Jemandem zu vertrauen ist kein Fehler. Ein
Fehler ist es dem Falschen zu vertrauen.

Ich bin nicht perfekt, mein Leben ist nicht
perfekt, aber jede Sekunde mit dir ist es.

Ich brauche keine perfekte Beziehung. Ich brauche nur jemanden, der mich nicht aufgibt.

Ich wollte keinem mehr vertrauen, aber hab dir trotzdem alles erzählt.

Mach das, was dich glücklich macht und nicht das, was andere von dir erwarten.

Es ist seltsam, wie beschissen es mir geht, wenn sich diese eine Person nicht bei mir meldet und mich ignoriert.

Wenn ein Pinguin seinen Partner findet, bleiben sie ein Leben lang zusammen. Willst du mein Pinguin sein?

Auch wenn ich mich nicht melde:

Nur, weil du nichts von mir hörst, heißt das
nicht, dass ich nicht mehr an dich denke. Ich
habe nur damit aufgehört es dich wissen zu
lassen. Nur, weil ich dich nicht mehr frage, wie
es dir geht, heißt das nicht, dass ich mich nicht
mehr für dich interessiere. Möglicherweise bin
ich an einem Punkt angekommen, an dem es
keinen Sinn mehr macht, deinen Namen zu
erwähnen oder bei anderen Menschen zu
schwärmen, wie toll du doch bist. Komisch, dass
Menschen, die dir erzählen, du hättest ein Herz
aus Gold, diejenigen sind, die dich als Erstes für
ein Stück Silber eintauschen.

Ich möchte mit dir so viel Zeit verbringen, dass du gar nicht weißt, was der beste Moment in all der Zeit war.

Warum mache ich mir überhaupt Sorgen um dich? Interessiert dich doch eh nicht.

Bei mir hört der Spaß auf, wenn jemand schlecht über die Person redet, die ich liebe.

Man träumt besser, wenn der Traum neben einem liegt.

Ich bin ein Mensch, der so viel nachdenkt, dass sein Kopf eigentlich platzen müsste. Ich zerbreche mir über jede Kleinigkeit, jede Anmerkung, jede Tat, jedes Gefühl, jedes Wort stundenlang den Kopf.

Egal was du tust, die Leute sehen dich nur so,
wie sie dich sehen wollen.

Loyal ist jemand, der dich verteidigt und in
Schutz nimmt, wenn du nicht anwesend bist.

„Ich bin müde'' Standard Ausrede, wenn man
einfach nur traurig ist.

Ich glaube, dass es egal ist, wie lange es her ist.
Ich werde nie aufhören über dich zu reden,
genauso wie ich nie damit aufhören werde an
dich zu denken.

Vertraue nicht zu schnell, denn während er
dir „gute Nacht'' schreibt, schreibt er vielleicht
einer anderen, dass er nicht schlafen kann.

Und als ihr gedacht habt, mir geht es gut, habe ich gelernt unter Schmerzen zu lächeln.

Wenn ich gewusst hätte, wie schwer es ist deine Hand loszulassen, hätte ich sie niemals berührt.

Und vielleicht habe ich ja nur den Kontakt abgebrochen, um zu sehen, ob du kämpfst, so wie ich es gemacht hätte.

So viele Fragen in meinem Kopf, die mich nur wach halten.

Warum gibst du mir das Gefühl, dass ich dir wichtig bin, um mich dann wieder zu ignorieren?

Ich will auch mal wieder in den Arm genommen werden. Nicht als Begrüßung, sondern einfach, weil sich jemand freut mich zu haben.

Was hast du mit mir gemacht? Ich denke an dich Tag und Nacht. Ich finde keine Ruh. Denn in meinem Herzen bist nur du.

Online sein. Nachricht lesen. Nicht Antworten. Super Aktion.

Ich werde auf dich warten. Vergiss nur nicht, dass es mich von Tag zu Tag kaputter machen wird.

Wir geben falschen Menschen eine zweite Chance, während die Richtigen auf ihre Erste warten.

Mir fällt es schwer:

Irgendwann habe ich damit angefangen, nicht mehr zu reagieren, wenn dein Name fällt. Ich habe damit begonnen, mir nicht mehr den Atem rauben zu lassen, wenn ich einen Geruch rieche. Heute ich mir bewusst, dass ich dich nicht mehr an meiner Seite brauche, weil es in deiner Zukunft keinen Platz mehr für mich gibt. Es fällt mir trotzdem noch schwer, mit unseren gemeinsamen Vergangenheiten abzuschließen. Mir fällt es schwer, gemeinsame Bilder zu löschen oder deine Geschenke wegzuwerfen. Mir fällt es schwer deine Stimme auf meinen Kopf zu entfernen, wenn ich unsere alten Chats lese.

Ich liebe dich. Ich werde dich immer lieben und ich werde dich niemals aufgeben. Und ich will, dass du das auch weißt.

Ich werde nie vergessen, wie süß du zu mir warst, als wir uns kennenlernten.

Hast du schonmal jemanden so sehr vermisst, dass du angefangen hast zu weinen?

Vielleicht brauchen wir einfach eine zweite Chance, weil die erste zu früh kam.

Und irgendwann kommst du an diesem Zeitpunkt an, wo du genug gekämpft hast und es Zeit zum aufgeben ist.

Nichts verletzt mehr, als von der Person
enttäuscht zu werden, von der du immer
dachtest, sie würde dir nie wehtun.

Ich denke 18 Stunden am Tag nur an dich, die
anderen 6 Stunden träume ich von dir.

Gib es zu, sobald ein bestimmter Name auf
deinem Display erscheint, fängst du an zu
grinsen.

Ein Mensch kann dich lieben, als würde er dich
nie verlassen, doch er kann dich auch verlassen,
als hätte er dich nie geliebt.

Damals als ich „Hey‘‘ schrieb, hätte ich niemals
gedacht, dass daraus mal das wird, was wir jetzt
sind.

Für immer ist eine lange Zeit, aber ich habe kein Problem, diese Zeit mit dir zu verbringen.

Ich habe Angst, dass ich etwas falsch mache. Ich habe Angst dich zu verlieren.

Wir verpassen so viele Chancen durch nicht ausgesprochene Worte.

Du verlierst dich selbst, wenn du versuchst an jemandem festzuhalten, dem es egal ist dich zu verlieren.

Hi du, ich wollte dir nur eben sagen, wie sehr ich dich liebe und wie viel du mir bedeutest.

Kämpfe um das, was dich weiterbringt,
akzeptiere das, was du nicht ändern kannst und
trenne dich von dem, was dich herunterzieht.

Ganz egal woran ich denke, am Ende denk ich
immer an dich.

Nur Menschen, die dir etwas bedeuten, können
dich auch verletzen.

Tage, Wochen, Monate, Jahre vergehen und ich
bekomme dich nicht mehr aus dem Kopf.

Ich habe so viele Fragen aber ich weißt nicht, ob
ich die Antworten hören möchte.

Wir sind alle nicht perfekt:

Wir sind alle nicht perfekt, doch wieso werden wir Menschen für viele Sachen verurteilt? Egal, welcher Mensch ich bin, egal wie viele Fehler ich habe, für diese Fehler muss ich mich rechtfertigen und nicht du. Ich muss für diese Fehler bezahlen, nicht du. Also wer bist du, dass du über mich urteilst? Fehler, die man macht, bereut man. Wir alle möchten diese Fehler rückgängig machen, doch man hat keine Zeitmaschine, um in die Vergangenheit zu reisen. Das Einzige, was man machen kann, ist in die Zukunft schauen und die Fehler nicht zu wiederholen. Es gibt immer Menschen, die jederzeit über deine Fehler urteilen, doch solange ich weiß, wie ich bin, brauche ich andere Meinungen nicht.

Du machst mich glücklich auf eine Art und
Weise, wie es niemand anderes könnte.

Wie oft hast du dir heute schon eingeredet, dass
es dir egal ist, obwohl du die ganze Zeit dran
denken musst?

Wir dachten, dass wir einfach nur Spaß hätten,
aber wir haben Erinnerungen geschafft.

Tausend Nachrichten, doch gehe erst online,
wenn dein Name aufleuchtet.

Ich liebe dich, seitdem ich dich das erste Mal
gesehen habe.

Schon krass, wie man immerzu an eine Person denken muss, die sich gar nicht für einen interessiert.

Das schönste Gefühl ist, wenn jemand all deine Macken, Fehler und Schwächen kennt und trotzdem denkt, du bist perfekt.

Du bist perfekt, vielleicht nicht für andere, aber für mich bist du es.

Und wenn erstmal Gefühle im Spiel sind, ist es leicht verletzt zu werden.

Irgendwann hörst du auf zu sagen, was dich verletzt, um den Streit zu vermeiden.

Es ist einfach jedes Mal krass, wie schnell du meine Laune verändern kannst. Innerhalb von Sekunden kannst du durch ein falsches Wort einen eigentlich schönen Tag zu einem schlechten machen.

Ganz egal was auch passiert, am Ende steh ich das sowieso alleine durch.

Es ist schwer jemanden zu vergessen, den du in deiner Zukunft haben wolltest.

Liebe beginnt nicht mit einem Datum. Sie beginnt mit dem Kribbeln im Bauch und dem dauerhaften Grinsen im Gesicht.

Entscheide dich niemals für jemanden, der zweimal darüber nachdenken muss, ob er sich für dich entscheiden soll.

Einem Menschen zu sagen, dass er dich glücklich macht, ist mit das größte Kompliment überhaupt.

Kein Mensch war ohne Grund in deinem Leben. Der eine ist ein Geschenk, das andere war eine Lektion.

Egal aus welchem Grund wir streiten und wie sauer ich mitten im Streit bin, mir wird nach jedem Streit klar, dass ich dich liebe und dass ich Angst habe, dich zu verlieren.

Die wahren Werte:

Man sagt, die große Liebe trifft man nur einmal.
Nur einmal in deinem ganzen Leben wirst du
jemanden treffen, der dir das gibt, was du
vielleicht dein ganzes Leben lang gesucht hast.
Dieser Mensch wird dich nach vorne bringen.
Dieser Mensch wird dir gut tun nach den
ganzen Enttäuschungen, die du bisher erleben
musstest. Er wird dir zeigen worauf es im Leben
ankommt. Nicht auf Materielles, einen guten
Ruf oder eine große Gruppe von Freunden.
Nein, er wird dir Dinge wie Vertrauen,
Ehrlichkeit und Loyalität zeigen.

Wenn du ohne Grund gehst, dann komm nicht mit einer Ausrede zurück.

Manchmal haben wir gedacht, dass wir ohne gewisse Menschen nicht leben können. Und dann sind sie plötzlich weg und wir haben es trotzdem überlebt.

Wieso liebe ich Menschen, denen ich egal bin? Denen ich kein einziges Mal so wichtig bin, wie sie mir. Wieso tue ich mir selber damit weh?

Ich kann Stunden damit verbringen mich an eine Minute zu erinnern.

Man darf nicht gleich beim kleinsten Streit aufgeben. Eine Beziehung wächst doch durch Höhen und Tiefen.

Ich habe mich in dich verliebt ohne wirklich zu wissen, wer du bist und wie du tickst. Mein Herz sagt nur, dass du dieser eine Mensch für mich bist.

Ich kann vergeben, verzichten und verzeihen, aber vergessen kann ich nichts.

Ich hasse es ohne dein „Gute Nacht'' einzuschlafen.

Wir gehen kaputt dadurch, dass wir die Menschen festhalten, die uns schon längst losgelassen haben.

Du warst und bist das schönste Chaos, auf das ich mich jemals eingelassen habe.

Das schlimmste ist einen Chatverlauf zu lesen und zu wissen, dass es nie wieder so sein wird.

Was soll ich mit anderen, wenn ich nur dich will?

Das schlimmste ist, wenn ein Mensch von heute auf morgen kein Interesse mehr an dir hat.

Wenn man einen Menschen wirklich liebt, dann ist es egal, was andere über ihn denken oder sagen.

War ja klar, dass du irgendwann aufhörst dich zu melden.

Wenn sie dich liebt, dann liebt sie auch nur dich.
Und der einzige, der das kaputt machen kann,
bist du selber.

Immer wenn ich fast nicht mehr an dich denke,
meldest du dich plötzlich.

Das Glück ist eine Achterbahnfahrt und wenn
du oben angekommen bist und denkst den
Himmel berühren zu können, geht es ganz
schnell wieder bergab, das Glück hält nur einen
Wimpernschlag.

Bei jedem einzelnen Moment mit dir wird mir
klar, wie wichtig du mir bist und wie sehr ich
dich liebe.

Diese Leere in mir:

Es hat sich vieles in meinem Leben geändert,
doch bei mir ist alles geblieben wie früher. Es ist
die Stille in meinem Kopf, die mich heimsucht.
Seitdem ich deine Stimme nicht mehr höre, laufe
ich keinen Schritt mehr nach vorne. Ich steh
immer noch auf dieser selben Stelle wie damals.
Ich beobachte mein Leben aus dem Fenster
heraus. Alle um mich herum haben gelernt
loszulassen, nur ich nicht. Ich bin immer noch
dieselbe Person, die du stehen gelassen hast. Es
sind Tage, Wochen, Monate vergangen, doch
heißt es, dass ich dich vergessen habe? Zu lange
habe ich gehofft, du würdest mich abholen
kommen an dem Ort, an dem du mich stehen
lassen hast.

Du merkst nie wirklich, wie schlecht dich jemand behandelt, bis du jemand anderem erklären musst, wieso du das mit dir hast machen lassen.

Menschen, die man geliebt hat, kann man nicht so schnell vergessen.

Seitdem du weg bist, sieht man, wie meine Welt zerbricht.

Es ist traurig, wenn manche Menschen vergessen, dass du für sie da warst, als sie von den anderen vergessen wurden.

Zu viel nachdenken ist wie schaukeln. Man ist zwar beschäftigt, aber man kommt kein Stück weiter.

Ich kann den ganzen Tag mit dir verbringen und es ist immer noch zu wenig.

Du löst in mir Gefühle aus, von denen ich dachte, dass ich sie nie wieder fühlen würde.

Der Mensch, der meine Zukunft war, ist jetzt ein Teil meiner Vergangenheit.

Ich hasse dich nicht, denn Hass ist ein Gefühl und du hast keine Gefühle verdient.

Was ist, wenn wir nicht mehr die wahre Liebe finden, weil es diese Person nicht mehr gibt?

Ich liebe es, wenn du mich anschreibst. Dann weiß ich, dass du an mich gerade gedacht hast.

Wenn du den Falschen schon so heftig geliebt hast, wie sehr wirst du dann den Richtigen lieben?

Eines Tages wirst du meinen Wert schätzen, doch bis dahin habe ich dich vergessen.

Schon der Gedanke an dich zaubert mir ein Lächeln ins Gesicht.

Es ist schlimm, wenn dir jemand das Herz bricht, aber noch schlimmer ist es, wenn man auch noch darauf herumtrampelt.

Was du hast, können viele haben. Doch was du bist, kann keiner sein.

Es gibt Menschen, deren Taten zeigen, dass ihre Worte nichts wert waren.

Momente, die dich sprachlos machen und dein Herz berühren, sind die Momente, die du nie vergessen wirst.

Egal ob wir Kontakt haben oder nicht, ich werde dich so oder so niemals vergessen können.

Niemand ist zu beschäftigt, um sich bei dir zu melden. Es hängt nur davon ab, welche Rolle du in seinem Leben spielst.

Wenn ich die Wahl hätte:

Ich denke so oft an diesen einen Moment
zurück, als du einfach gegangen bist. Ich führe
mir vor meinem inneren Auge nochmal vor, wie
viel Schmerz und Leid du in mir damit angetan
hast. Glaube mir, wenn ich noch einmal die
Chance hätte zu entscheiden, ob ich dir über den
Weg laufen würde, so würde ich sofort die
Straßenseite wechseln. Ich würde kein zweites
Mal erleben wollen, wie du mein Herz in
tausende Teile zerbrichst.

„Ich liebe dich" heißt nicht, dass ich nur in schönen Zeiten bei dir bin. „Ich liebe dich" heißt, dass ich bei dir bin, egal wie es ist.

Jeder hat ein Datum im Kopf, dass er niemals vergessen wird.

Mit dir hat ein Kapitel begonnen, das niemals enden soll.

Du wusstest, was du tust und du wusstest, dass es mir weh tun würde und trotzdem hat dich nichts davon abgehalten.

Ein menschliches Herz kostet rund 500.000.000 Euro und ich habe dir meins umsonst gegeben.

Tränen sind meine besten Freunde, sie kommen immer, wenn mich alle anderen verlassen haben.

Manchmal macht man alles richtig und hat trotzdem das Gefühl, man hätte versagt.

Immer, wenn ich Zeit mit dir verbringen kann, vergesse ich all meine Probleme für einen Moment lang.

Worte zeigen den Verstand eines Menschen, Taten zeigen seinen wahren Willen.

Ich werde niemals diesen Moment vergessen, in dem ich gemerkt habe, dass ich dich liebe.

Erst wenn du am Abgrund stehst, siehst du, wer dich runterstößt und wer dich zurückreißt.

Dieses Gefühl, wenn man spürt, dass etwas nicht mehr so ist, wie es mal war.

Zwinge niemanden sich Zeit für dich zu nehmen. Wenn jemand wirklich will, dann wird er sich die Zeit für dich nehmen.

Jemand, der dich wirklich liebt, braucht keine Pause von dir. Er brennt jede Sekunde mehr für dein Herz.

Wer möchte auch gerade eine bestimmte Person neben sich haben?

Vielleicht sind wir nicht füreinander bestimmt und vielleicht ist das auch okay so.

Ich werde wohl nie verstehen, was man davon hat, wenn man einen Menschen erst glücklich macht und ihn anschließend dann fallen lässt.

Ich wünschte, es würde mich nicht verletzen, aber das tut es viel zu sehr.

Ich hasse diese Stimmung, wenn es keinen Grund gibt traurig oder genervt zu sein, ich es aber einfach bin.

Ich möchte nachts mit dir telefonieren. Solange, bis einer von uns beiden einschläft.

Sie kann nicht mehr

Sie ist müde und erschöpft von den ganzen
Kämpfen, die sie in der Vergangenheit hinter
sich bringen musste. Es war nicht immer leicht
dich zu lieben und hinter dir zu stehen. Du hast
sie oft verletzt, doch sie hat dich das nie wissen
lassen, weil sie dir nicht zur Last fallen wollte.
Du hast deine Augen verschlossen und
weggeschaut, als sie immer Stück für Stück
unglücklicher geworden ist. Sie ist mit ihrer
Liebe für dich in deinen Armen gestorben und
du hast es nicht einmal bemerkt. Sowas passiert
halt, wenn man Menschen, die einen lieben, als
selbstverständlich ansieht.

Ich habe dir Fehler verziehen, die ich mir nicht einmal selbst verziehen hätte.

Keine Entfernung der Welt kann mein Herz von dir trennen.

Der Verstand hat keine Chance, wenn das Herz einmal entschieden hat, was es will. Manchmal merkt man erst, wie sehr man jemanden geliebt hat, wenn man gerade dabei ist diesen zu verlieren.

Hat es dir eigentlich jemals weh getan, als das mit uns kaputt ging?

Ich frage mich, wie viel von dem, was du gesagt hast, ernst gemeint war.

Ich habe einfach Angst, wichtige Menschen zu verlieren, weil ich weiß, wie schwierig ich bin.

Ich liebe diese Momente, in denen man für einige Zeit alles vergisst und einfach nur glücklich ist.

Was muss ich machen, damit du merkst, dass du für mich nicht nur irgendjemand bist?

Es tut mir leid, dass ich dir nicht immer zeigen kann, wie sehr ich dich liebe, aber meine Gefühle für dich sind einfach nicht in Worte zu fassen.

Du hast soviel gesagt, ohne zu meinen, so vieles getan, ohne nachzudenken und dabei so viel zerstört, ohne es zu merken.

Wenn du niemanden hast, dem du alles
erzählen kannst, dann lernst du mit der Stille
umzugehen.

Ich sage, mir geht es gut, weil ich nicht erklären
will, wieso es mir scheiße geht.

Es fällt mir schwer einen Menschen zu
vergessen, den ich mal geliebt habe. Es ist nicht
leicht mit einem gebrochenen Herzen zu leben.
Es ist nicht leicht den Schmerz zu ertragen.

Bevor du jemanden aufgibst, denk daran,
warum du so lange festgehalten hast.

Ich habe Angst, dass du gehst. Weil alle anderen
bis jetzt auch gegangen sind, die sagten, sie
würden bleiben.

Zuerst behandel ich dich so, wie ich behandelt werden möchte. Dann nach einer gewissen Zeit behandel ich dich so, wie du mich behandelst.

Ich liebe dich und werde dich immer lieben, jeden Tag bis ans Ende meines Lebens.

Die richtige Person hat Angst dich nach einem Streit zu verlieren. Die falsche Person ignoriert dich.

Du kannst nicht loslassen, weil du tief im Innersten noch daran glaubst.

Einmal im Leben lernst du einen Menschen kennen und weißt ganz genau, dass du für diese Person ein Leben lang Gefühle haben wirst.

Du.

Wenn ich meine Augen schließe und mir vorstelle, wie ich in deinen Armen liege, spüre ich deinen Herzschlag und deine Hand auf meiner. Allein bei diesem Gedanken wird mein Herz ganz warm, so warm, wie bei keinem anderen. Die Liebe, die du mir schenkst, ist nicht in Worte zu fassen und ist einfach ein unglaubliches Gefühl, wie ich es zuvor noch nie erlebt habe. Du bist mir so vertraut, gibst mir Sicherheit, Nähe und Geborgenheit, obwohl du hunderte Kilometer von mir entfernt bist. Du machst mich einfach glücklich.

Zu oft schaue ich zurück in der Hoffnung, dass alles so wird, wie es mal war.

Beziehungsstatus: Der gewünschte Partner ist zurzeit leider nicht verfügbar.

Irgendwann wirst du realisieren, was ich alles für dich getan habe.

Niemand erinnert sich an deine Tränen.
Niemand erinnert sich an deine Traurigkeit.
Niemand erinnert sich an deine Schmerzen.
Doch jeder erinnert sich an deine Fehler.

Manchmal wundere ich mich darüber, warum du mich so behandelt hast, obwohl du weißt, dass niemand so behandelt werden soll.

So richtig lernst du einen Menschen eben auch erst kennen, wenn du siehst, wie er mit deinen Schwächen umgeht.

Wenn sie um dich weint, liebt sie dich wirklich, aber muss sie erst weinen, damit du es bemerkst?

Irgendwann wendet sich das Blatt. Die Person, die jemanden vermisst hat, wird vergessen. Und die Person, die anfangs vermisst wurde, fängt nun an zu vermissen.

Genau dann, wenn ich dir vertrauen will, zeigst du mir, warum ich es lassen soll

Ich werde nie vergessen, wie viel Kraft, Mut, Geduld und Gefühle ich für dich verbraucht habe, nur um dir zu zeigen, wie wichtig du mir bist.

Bleibst du hier? Bleibst du bei mir? Egal, wie viel Scheiße ich noch baue? Egal, wie kalt ich noch werde? Ich brauche dich und das sage ich viel zu selten, ich weiß. Aber bitte, bleib bei mir.

Wenn dir jemand nicht mehr aus dem Kopf geht, dann sollte er in dein Herz.

Ich liebe Menschen, die schnell antworten, dann hab ich nicht so das Gefühl, ich würde nerven.

Wenn dich jemand verlässt, dann sag ihm wenigstens den Grund. Noch schlimmer als verlassen zu werden, ist zu wissen, dass man nicht einmal eine Erklärung wert ist.

Ich habe keine Angst, die Frage zu stellen. Ich habe nur Angst, nicht die Antwort zu bekommen, die ich mir erhoffe.

Weißt du, wer mein Leben perfekt macht? Lies das zweite Wort.

Wenn du wirklich mit jemandem verbunden bist, dann hört es nie auf.

Deine Hand passt zwar perfekt in meine, doch mein Herz und deines kann man nicht vereinen.

Augen zu

Ich bin endlich aufgewacht. Ich habe zu lange
meine Augen geschlossen und nicht gesehen,
wie falsch manche Menschen einfach nur sind.
Du denkst, dass du ihnen vertrauen kannst.
Aber dreh ihnen einmal deinen Rücken zu und
sie reden schlecht über dich. Es gibt leider viele
solcher Menschen. Doch nun habe ich endlich
die Augen geöffnet und erkannt, wer falsch ist.
Diese Menschen werden auf jeden Fall nicht
mehr Teil meines Lebens sein. Euer Stolz stand
euch schon zu oft im Weg, es wird Zeit, dass ihr
auf euer Herz hört, bevor es zu spät ist.

Notizen:

2019 Lukas Joedecke

Autor: Lukas Joedecke

Umschlaggestaltung: Bennet Hamelmann

Korrektorat: Helge Hespen

Verlag und Druck: tredition GmbH, Halenreie 40-44, 22359 Hamburg

ISBN: 978-3-7497-8336-6

Bibliografische Information der Deutschen Nationalbibliothek: Die Deutsche Nationalbibliothek verzeichnet diese Publikation in der Deutschen Nationalbibliografie; detaillierte bibliografische Daten sind im Internet über http://dnb.dnb.de abrufbar

Zeitfracht Medien GmbH
Ferdinand-Jühlke-Straße 7
99095 Erfurt, Deutschland
produktsicherheit@kolibri360.de